Edeltraud Weber-Lorkowski

Schals, Tücher und Pareos

30 neue Techniken zum Wickeln, Binden und Knoten

Inhalt

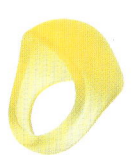

Richtig gewickelt:

Material, Pflegetipps, Grundfaltungen

Tücher und Schals gibt es in den unterschiedlichsten Materialien. Zum Binden geeignet sind Viskose, Polyester, Acetat, Popeline, Batist oder feine Baumwolle. Am besten binden lässt sich mit Seide. Auch Seide ist natürlich nicht gleich Seide. Man unterscheidet:

◆ Glattseide in Pongé 05, 06, 08 und stärker. Die Pongé-Zahl bezeichnet das Gewicht der Seide: Pongé 05 = 20–22 g auf 1 m Stoff bei ca. 90 cm Stoffbreite

◆ Crêpe de Chine: schwerere Seide mit mattem Glanz

◆ Crêpe Satin: sehr starke Seide mit glänzender Oberfläche und matter Unterseite

◆ Twill: dichtes und entsprechend schweres, sehr weiches Gewebe

◆ Seidenchiffon: feines schleierartiges Gewebe, rutschfest

◆ Crêpe Georgette, transparentes, etwas festeres Gewebe

◆ Seiden-Jersey: elastisch-geschmeidiger Stoff

Die aufgeführten Seidenstoffe sind pflegeleicht. Sie können mit einem Feinwaschmittel von Hand oder auch im Schonwaschgang der Waschmaschine gewaschen werden. Um Seidenstoffe schön glatt zu bekommen, sollte man sie noch feucht bügeln, von der linken Seite und bei mittlerer Temperatureinstellung. Mühe und Arbeit spart, wer Tücher und Schals nicht in der Schublade aufbewahrt, wo sie Legefalten bekommen, sondern sie im Kleiderschrank

lose über einen Bügel hängt. Ich binde gern mit Seide Pongé 05 und 06, mit Chiffon oder feiner Viskose.

Diese Materialien tragen nicht auf und lassen sich deshalb für die meisten Bindetechniken sehr gut verwenden. Nicht nur die Materialstärke ist entscheidend für die Bindequalität, auch die Griffigkeit und der Stofffall spielen dabei eine Rolle. Seidenchiffon oder Crinkle Seide, ein beliebtes Material für Schals, lassen sich beispielsweise gut raffen, eignen sich aber wenig für eine Plisseefaltung. Glattseide kann man dagegen gut plissieren und zum Band einrollen oder einfalten.

Beim Falten und Drapieren sollten Sie insbesondere Tücher immer akkurat legen. Ein quadratisches Tuch wird für die meisten Bindetechniken zunächst zum Dreieck gefaltet, dabei liegt die obere Hälfte etwas kleiner als die untere. Die zweite Grundfaltung ist das Einrollen oder Einfalten zum Band. Rollen oder falten Sie – wenn nicht anders angegeben – immer von der Spitze aus möglichst gleichmäßig. Das Band sollte nicht breiter als 5–6 cm sein. Nicht mit jeder Tuchgröße lässt sich jede Bindetechnik nachvollziehen. Sie finden daher ideale Tuch- und Schalgrößen zur jeweiligen Bindetechnik immer gesondert angegeben. Wichtig auch: Die Bindetechnik sollte in der Proportion zu Ihnen passen, zu Ihrer Körpergröße und Figur. Überlegen Sie sich bereits beim Kauf: Stimmt die Größe von Tuch oder Schal? Kann das Material gut gebunden werden? Passen die Farben zu mir und meiner Garderobe?

Es eignet sich auch nicht jedes Muster für jede Bindetechnik. Wird ein Tuch wie oben beschrieben zum Dreieck gefaltet und zum Band eingerollt, verschwinden großflächige Muster gänzlich, es wirken nur die Farben. In meinen Kursen werden häufig Bindetechniken nachgefragt, bei denen man viel

Tuch sieht, sodass schöne Dessins zur Geltung kommen. Im ersten Kapitel dieses Buches finden Sie deshalb Bindetechniken zusammengetragen, die Muster zeigen. Je nachdem, wozu Sie die Tücher oder Schals kombinieren wollen, kann eine halsnahe oder eine halsferne Bindetechnik besser wirken. Was zu welcher Ausschnittform passt, ist natürlich letzten Endes Geschmackssache – deshalb sind die diesbezüglichen Empfehlungen zu jeder Bindetechnik wirklich nur als Empfehlungen zu verstehen. Kennen Sie das: Sie haben die tollste Bindetechnik perfekt gebunden und Minuten später ist die kunstvolle Drapierung verrutscht und die Wirkung passé. Da hilft nur eins: Sie müssen Schal oder Tuch wo nötig so fixieren, dass nichts verrutschen kann. Unsichtbar befestigen kann man mit Sicherheitsnadeln, sichtbare Zierde und Mittel zum Befestigen zugleich sind schöne Broschen. Allerdings: Broschennadeln sind oft dick und hinterlasen bei feinen Materialien kleine Löcher. Achten Sie deshalb unbedingt darauf, dass Sie nicht durch das Tuch stechen. Umstechen Sie stattdessen Tuch oder Schal und stechen Sie die Nadel nur durch das Kleidungsstück bzw. den Untergrund, auf dem Sie das Tuch befestigen wollen.

Eine Vielzahl von modischen Accessoires schmückt die Bindetechniken und erleichtert außerdem das Binden. Schalringe gibt es in allen Formen und Farben und aus den verschiedensten Materialien: z.B. aus Metall, Kunststoff, Glas, Holz oder Stein. Wie Sie Accessoires im wahrsten Sinn des Wortes einbinden können, zeigt Ihnen dieses Buch. Und: viele neue Bindetechniken von Kopf bis Fuß. Beim Ausprobieren wünsche ich Ihnen viel Spaß und gutes Gelingen!

Edeltraud Weber-Lorkowski

❥ Butterfly ❥

◆ für alle Materialien
◆ ideale Tuchgröße:
90 x 90 cm
◆ gut geeignet für Rund-
ausschnitte, über Steh- oder
Rollkragen

2
*Die Tuch-
enden vorn
halsfern
doppelt ver-
knoten. Da-
bei darauf
achten, dass
die Knoten
senkrecht
gezogen wer-
den und die
Zipfel über-
einander
liegen.*

1
*Das Tuch
zum Recht-
eck falten.
An diagonal
gegenüber
liegenden
Ecken fas-
sen, sodass
zwei versetz-
te Dreiecke
entstehen.*

6

Tuchkreuz

- ◆ für alle feinen Materialien
- ◆ ideale Tuchgrößen: 75 x 75, 90 x 90, 110 x 110 cm
- ◆ Accessoire: Brosche, großer Anhänger oder Schalring
- ◆ gut geeignet für alle Rund- und V-Ausschnitte, über Roll-, Steh- und Blusenkragen

1
Tuch zum Dreieck falten, von der Spitze her zum Band rollen. Um den Hals legen, die Tuchenden sind vorn gleich lang. Schalring oder Brosche in ein Tuchende einfädeln und bis auf Brusthöhe hochschieben.

2
Das andere Tuchende entgegengesetzt durch Schalring oder Brosche führen.

Harlekin

◆ für alle feinen Materialien; wichtig: beide Tücher sollten aus dem gleichen Material sein und farblich harmonieren

◆ ideale Tuchgrößen: 75 x 75 und 90 x 90 cm oder 90 x 90 und 110 x 110 cm

◆ gut geeignet für alle Rundausschnitte

1
Das größere Tuch zum Dreieck falten. Über eine Schulter drapieren, Tuchenden auf der anderen Schulter mit einem einfachen Knoten verbinden. Mit einer großen Sicherheitsnadel befestigen.

2
Das kleinere Tuch ca. 5–6 cm breit plisseeartig einfalten und auf den einfachen Knoten legen.

4
Die plissierten Tuchenden jeweils von vorn nach hinten und von hinten nach vorn bis zur Hälfte durch den Knoten schieben. Den Knoten festziehen.

3
Tuchenden des größeren Tuchs über dem plissierten Tuch locker verknoten.

5
Die Plisseeschlaufen auseinander ziehen.

Ringspiel

- ◆ für alle feinen Materialien
- ◆ ideale Schalgrößen:
45 x 140/150/160/170 cm
- ◆ Accessoires: 5–7 Schalringe
- ◆ gut geeignet für alle Ausschnitte

2
Um den Hals schlingen, die Schal- enden sind vorn etwa gleich lang. In jedes En- de 2 Ringe einfädeln und mit einem einfa- chen Knoten verwahren.

1
Den Schal der Länge nach zum schmalen Band raffen. 3 Schalringe bis zur Mitte durch- schieben.

3
Die Schal- enden von oben einmal um den Schal schlingen.

Halber Schulterfächer

- ◆ für alle festeren Materialien
- ◆ ideale Tuchgrößen:
  90 x 90, 110 x 110 cm
- ◆ Accessoire: große Brosche
- ◆ gut geeignet als Blickfang
  über Blazer oder Mantel

2
Plisseefalten nach oben über die Schulter drapieren und mit einer Brosche (mit feiner Nadel) vorsichtig am Kleidungsstück befestigen.

1
Tuch zum Dreieck legen, von der Breitseite wie eine Ziehharmonika bis zur Hälfte einfalten.

Blume

- ◆ für alle Materialien
- ◆ ideale Tuchgrößen:
90 x 90, 110 x 110 cm
- ◆ Accessoire: Fingerring
- ◆ gut geeignet für Rundausschnitte

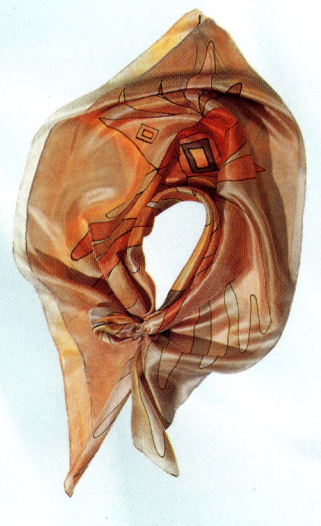

1
*Tuch zum
Dreieck fal-
ten. Mit der
Spitze nach
hinten über
die Schultern
legen. Tuch-
teile vorn
am Falz auf
halber Höhe
fassen, 10 cm
breit durch
den Ring
ziehen ...*

2
*... und aus-
einander
klappen.
Einen Zipfel
nach hinten
schlagen.*

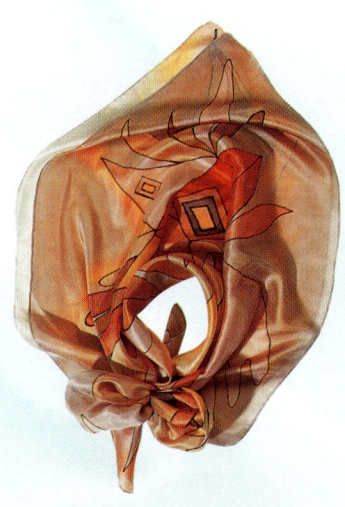

3
Beide Tuch-
zipfel über
der Schlaufe
doppelt ver-
knoten und
dekorativ
drapieren.

Knotenspiel

- ◆ für alle Materialien
- ◆ ideale Tuchgrößen:
  90 x 90, 110 x 110 cm
- ◆ Accessoire: Brosche
- ◆ gut geeignet für Rundausschnitte, über Roll-, Steh- und
  Blusenkragen

1
*Das zum
Dreieck ge-
faltete Tuch
um die
Schultern
legen. Ein
Tuchende
hängt ca.
10 cm länger
herunter als
das andere.*

2
*Das längere
Ende raffen
und mit ei-
ner Brosche
umstechen.*

*In Höhe des
Schlüssel-
beins befes-
tigen.*

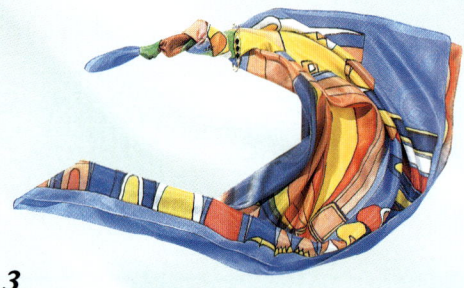

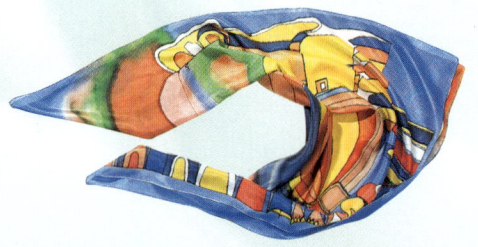

3
*In das länge-
re Tuchende
2 Knoten
binden.*

4
*Das kürzere
Ende von
oben durch
einen oder
beide Kno-
ten schieben
und eben-
falls einen
Knoten ein-
binden.*

Collier

◆ für alle feinen Materialien
◆ ideale Schalgrößen:
40 x 160/170/180 cm
◆ Accessoires: 5 Schalringe
◆ gut geeignet für Rund- und
V-Ausschnitte

1
*Den Schal
der Länge
nach raffen
und einen
Schalring bis
zur Mitte ein-
schieben.*

2, 3, 4
*Die Schal-
enden jeweils
entgegen-
gesetzt durch
die Schal-
ringe ziehen.
Zwischen
den Schal-
ringen ca.
10 cm Ab-
stand lassen.*

5
Zum Schluss die Schalenden zusammen durch den ersten Ring fädeln und dekorativ zurechtzupfen.

Schulterzierde

- ◆ für alle Materialien
- ◆ ideale Tuchgrößen:
  90 x 90, 110 x 110 cm
- ◆ Accessoire: Brosche
- ◆ gut geeignet für alle Ausschnitte, auch über Blusenkragen

1
Tuch zum Dreieck falten. Ein Ende auf ca. 12 cm Länge raffen, doppelt nehmen und einen Knoten einbinden, sodass eine kleine Schlinge entsteht.

2
Tuch über eine Schulter legen. Das freie Ende über der anderen Schulter durch die kleine Schlinge schieben. Mit einer Brosche befestigen.

Verspielte Schleife

- ◆ für alle feinen Materialien
- ◆ ideale Tuchgrößen
75 x 75, 90 x 90 cm
- ◆ gut geeignet für Rund- und
V-Ausschnitte

2
...und direkt am Hals verknoten und eine kleine Schleife binden.

1
Tuch zum Dreieck falten, mit der Spitze nach vorn halsnah anlegen. Tuchenden um den Hals schlingen, im Nacken kreuzen, über dem Tuch nach vorn führen ...

Western Style

◆ für alle Materialien
◆ ideale Tuchgrößen: 55 x 55,
61 x 61 cm (Nickitücher)
◆ gut geeignet für alle Ausschnitte, auch unter Blusenkragen

1
*Nickituch
zum Dreieck
falten, einen
einfachen
Knoten in
ein Ende
binden.*

2
*Mit dem
Knoten vorn
um den Hals
legen und
das andere
Tuchende
von oben
durch den
Knoten
schieben.
Die Dreiecks-
spitze liegt
schräg über
der Schulter.*

Nickidreieck

◆ für alle Materialien
◆ ideale Tuchgrößen:
45 x 45, 55 x 55 cm
(Nickitücher mit kleinem
Muster)
◆ gut geeignet unter
Polohemden und
Blusenkragen

1
*Tuch zum
Dreieck fal-
ten, von der
Spitze zum
Band einrol-
len. In die
Mitte des
Bands einen
lockeren
Knoten bin-
den. Zum
Dreieck zu-
rechtziehen.*

2
*Knoten vorn
am Hals an-
legen, die
Tuchenden
im Nacken
verknoten.*

Plisseeballone

◆ für alle feinen Materialien
◆ ideale Tuchgrößen:
75 x 75, 90 x 90 cm
◆ gut geeignet für alle Rundausschnitte

1
*Tuch zum
Dreieck le-
gen, von der
Längsseite
her plissee-
artig ein-
falten.*

3
*Rechts und
links davon
1–3 weitere
Knoten bin-
den (je nach
Tuchgröße).*

2
*In die Mitte
einen locke-
ren Knoten
binden.*

4
*Die Knoten
leicht aus-
einander zie-
hen, sodass
das Plissee
zur Geltung
kommt. Hals-
nah umlegen,
Enden im
Nacken ver-
knoten.*

Verdrehte Krawatte

- ◆ für alle Materialien
- ◆ ideale Schalgröße: 45 x 140 cm
- ◆ gut geeignet für V-Aus- schnitte, über Blusen- und Rollkragen

1
Den Schal zum Band einfalten, die Schal- enden vorn kreuzen.

3
Unter dem Schal zur an- deren Seite führen ...

2
Mit dem oben liegenden Schalende, das andere Ende nach oben 1,5-mal umschlingen.

4
*... von oben
durch die
vordere
Schlaufe
schieben.*

Lady Windsor

- ◆ für alle feinen Materialien
- ◆ ideale Schalgrößen:
45 x 140/150 cm
- ◆ gut geeignet für V-Ausschnitte, über Blusen- und
Rollkragen

2
*... und von
unten nach
oben am
Hals vorbei-
führen ...*

1
*Schal zum
schmalen
Band einfal-
ten. Ein En-
de vorn ca.
15 cm länger
hängen las-
sen. Das län-
gere Ende
halsnah
1,5-mal um
das kürzere
Schalende
schlingen ...*

3
**... nach vorn
unten durch
die Schal-
schlaufe
schieben.**

4
**Knoten fest-
ziehen.**

Falscher Koch

- ◆ für alle feinen Materialien
- ◆ ideale Schalgrößen:
  45 x 160/170/180/190 cm
- ◆ gut geeignet für alle Ausschnitte

1
Schal zum Band ein-falten, auf halbe Länge nehmen und um den Hals legen. Die Schalschlau-fe soll ca. 10 cm kürzer sein als die beiden Schal-enden.

2 + 3
Mit beiden Schalenden die Schal-schlaufe 2,5-mal halsnah um-schlingen ...

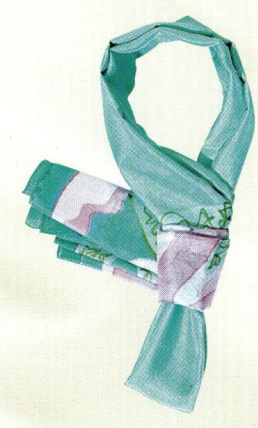

4
... hinter dem Schal hochführen ...

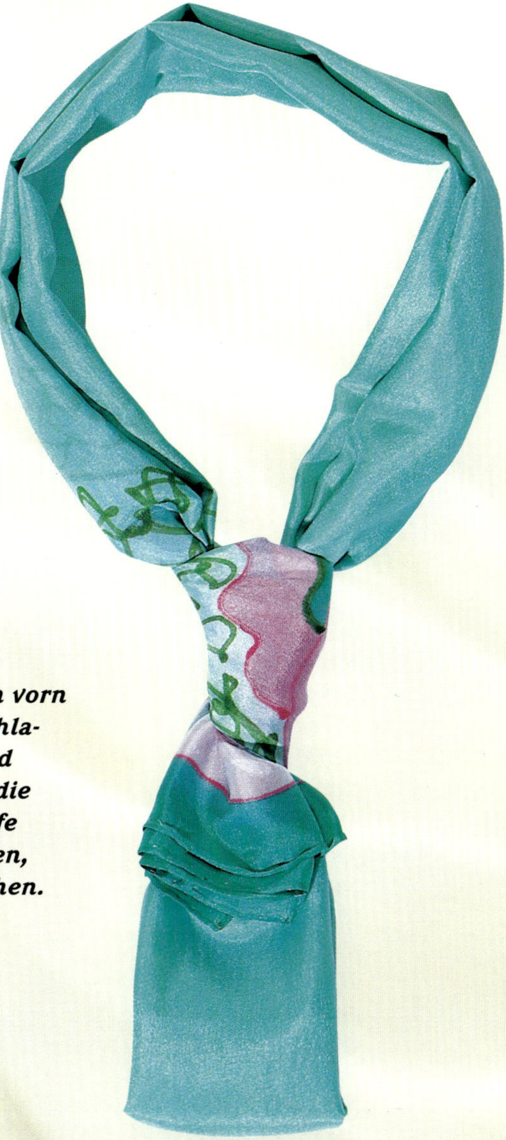

5
... nach vorn überschlagen und durch die Schlaufe schieben, festziehen.

Plisseekragen

- ◆ für alle feinen Materialien
- ◆ ideale Schalgrößen:
45 x 170/180 cm
- ◆ gut geeignet für alle Rundausschnitte

3

... und über der Schlaufe zum einfachen Knoten binden.

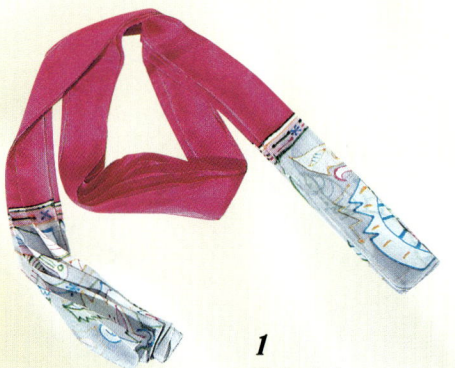

2

Schalschlaufe übereinander legen und mit einer Hand festhalten. Die Schalenden unter der Schlaufe kreuzen ...

1

Schal der Länge nach plisseeartig einfalten. Um den Hals schlingen. Die Schalenden sollten vorn gleich lang, die Schlaufe halsfern sein.

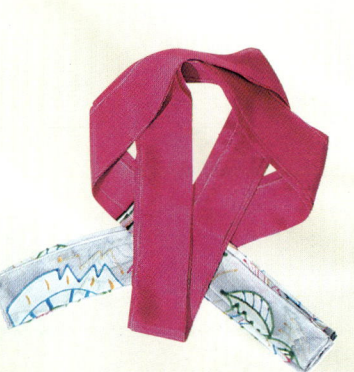

4
Enden wie-
der hinter
die Schlaufe
führen und
noch einmal
verknoten.
Plisseefalten
dekorativ zu-
rechtzupfen.

✤ Tuchdreh ✤

◆ für alle feinen Materialien
◆ ideale Schalgrößen:
45 x 170/180 cm
◆ gut geeignet für Rundausschnitte, über Stehkragen

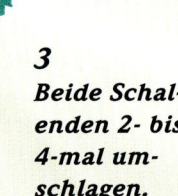

2
*... das zweite
von oben
nach unten
durch die
Schlaufe
ziehen.*

3
*Beide Schal-
enden 2- bis
4-mal um-
schlagen.*

1
*Schal 2-mal
einfalten
und auf
halbe Länge
nehmen.
Um den Hals
legen, die
Schalschlau-
fe sollte hals-
nah sitzen.
Ein Schal-
ende von
unten nach
oben ...*

5
*Die Enden
verknoten,
Zipfel deko-
rativ zu-
rechtzupfen.*

4
*Die Schal-
enden tren-
nen, ein En-
de nochmals
um den
Schal
führen.*

❧ Schalzopf ❧

◆ für alle Materialien
◆ ideale Schalgrößen:
45 x 160/170 cm
◆ gut geeignet für alle Rundausschnitte, über Steh-, Roll-
und Blusenkragen

2
**Zum Flech-
ten werden
drei Teile
benötigt: die
beiden Schal-**
**enden und
die halbe
Schalschlin-
ge als dritter
Strang.**

1
**Schal zum
schmalen
Band zusam-
menlegen.
Schalenden
einfach ver-
knoten, so-
dass eine
Schlinge ent-
steht, die gut
über den
Kopf ge-
streift wer-
den kann.**

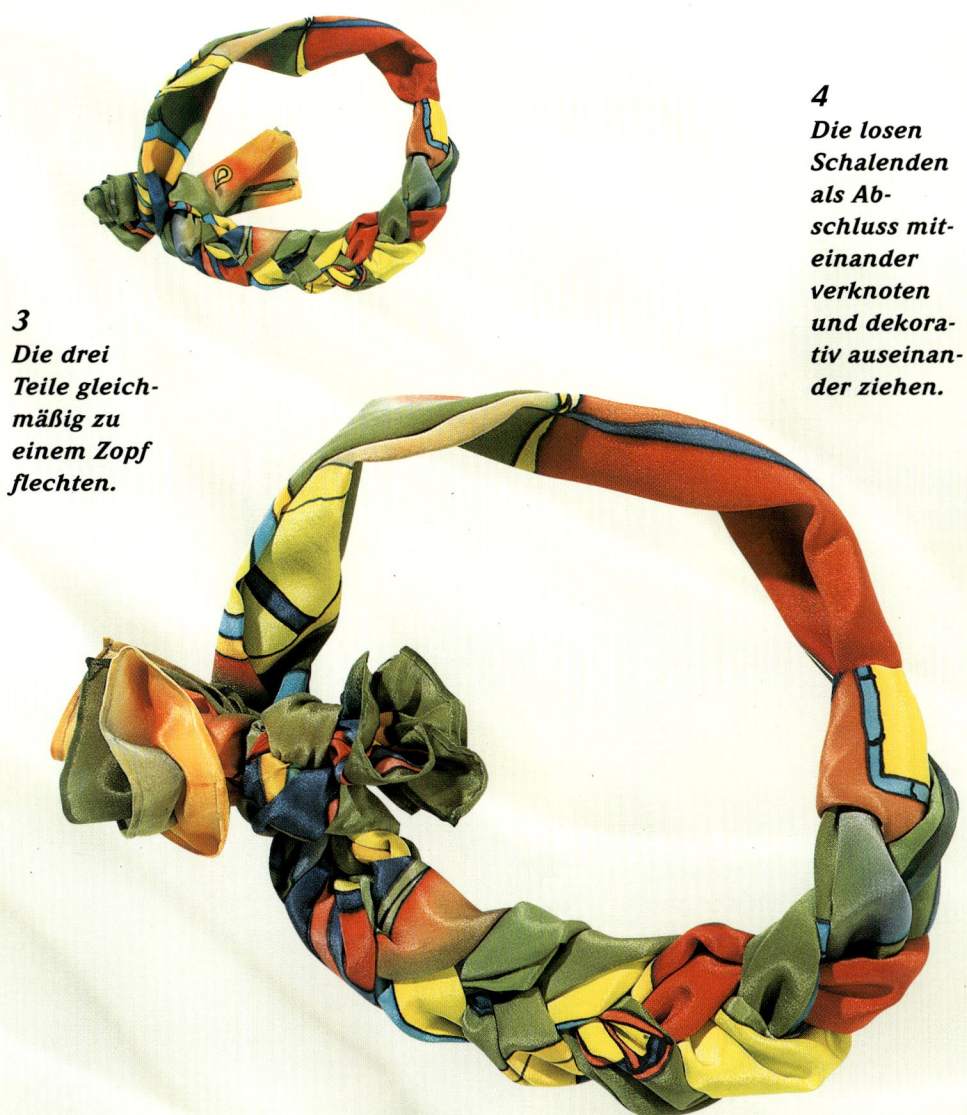

3
Die drei Teile gleich-mäßig zu einem Zopf flechten.

4
Die losen Schalenden als Ab-schluss mit-einander verknoten und dekora-tiv auseinan-der ziehen.

Propeller

- ◆ für sehr feine Materialien
- ◆ ideale Tuchgrößen: 45 x 45, 55 x 55 cm (Nickituch)
- ◆ Accessoire: kleiner Schalring
- ◆ gut geeignet unter Polohemden und Blusenkragen

1
Tuch zum Dreieck falten und von der Breitseite ca. 4–5 cm breit aufrollen. Etwa 10 cm vor der Tuchspitze stoppen ...

2
... und in die Mitte des Bandes einen einfachen Knoten binden. Knoten festziehen und die Dreieckspitzen aufklappen.

3
Schalring in der Mitte drapieren. Den Propeller am Kehlkopf anlegen, Tuchenden im Nacken verknoten.

Gürtelfliege

◆ für alle feinen Materialien
◆ ideale Tuchgrößen:
90 x 90, 110 x 110 cm
◆ Blickfang in der
Taille

1
Tuch binden
wie links
unter „Pro-
peller" be-
schrieben.
Damit die
Gürtelfliege
größer wird,
etwa 15 bis
18 cm vor

der Tuchspit-
ze stoppen
und in die
Mitte des
Bandes einen
festen Kno-
ten binden.

⬖ Strandkleid ⬖

◆ für alle Materialien
◆ ideale Tuchgrößen:
Pareo oder Schal
90 x 180/190/200 cm,
110 x 180/190/200 cm

1
Tuch um *unter den*
den Rücken *Achseln*
legen, die *nach vorn*
Tuchenden *führen und*
2-mal über-
kreuzen.

2
Die gekreuz-
ten Tuch-
enden im
Nacken ver-
knoten.

Enges Top

◆ für alle feinen Materialien
◆ ideale Tuchgrößen:
90 x 90, 110 x 110 cm

1
Tuch zum Dreieck falten. Die Spitze zweiteilen und die Zipfel miteinander verknoten.

2
Über den Kopf streifen, sodass der Knoten im Nacken sitzt. Die freien Tuchenden um die Taille führen und im Rücken doppelt verknoten.

Toga

◆ für alle Materialien
◆ ideale Tuchgrößen:
Pareo oder Schal
90 x 180/190/200 cm,
110 x 180/190/200 cm

1
Pareo oberhalb der Brust anlegen. Ein Tuchende um den Rücken führen, unter der rechten Achsel nach vorn straff ziehen. Das zweite Ende unter der rechten Achsel nach hinten hoch halten.

2
Beide Enden auf der rechten Schulter doppelt verknoten.

Lockeres Top

- für alle feinen Materialien
- ideale Tuchgrößen:
90 x 90, 110 x 110 cm

2

*Die losen
Enden je
zur Kordel
drehen, um
die Taille
führen und
im Rücken
doppelt
verknoten.*

1

*Das Tuch
in der Mitte
fassen und
einen klei-
nen Knoten
binden.*

*Das Tuch
wenden,
sodass der
Knoten zum
Körper zeigt.
Zwei benach-
barte Tuch-
ecken fassen
und im Na-
cken doppelt
verknoten.*

◣◢ Cabrio ◣◢

- ◆ für alle feinen Materialien
- ◆ ideale Tuchgrößen:

90 x 90, 110 x 110 cm

1
*Tuch zum
Dreieck fal-
ten, Breitsei-
te nach vorn
über den
Kopf legen.
Die Tuch-
enden un-
term Kinn
kreuzen,
nach hinten
führen und
über der
Tuchspitze
im Nacken
doppelt ver-
knoten.*

Haarband

◆ für alle feinen Materialien
◆ ideale Tuchgrößen:
2 Tücher jeweils 65 x 65,
75 x 74 oder 90 x 90 cm

1
Beide Tücher zum Dreieck falten und zum Band einrollen. Tücher zur Hälfte über Kreuz legen.

2
Die ineinander geschlungenen Tücher über der Stirn anlegen und im Nacken verknoten.

Folklore

- ◆ für alle feinen Materialien
- ◆ ideale Tuchgrößen:
2 Tücher: 110 x 110 und
90 x 90 cm
- ◆ Accessoire: Brosche
- ◆ Blickfang über weiten
Röcken

1
Das größere Tuch zum Dreieck falten und um die Hüfte schlingen. Doppelt verknoten, sodass eine Tuchspitze deutlich länger herunter hängt.

2
Das kleinere Tuch zum Dreieck falten und zu einem ca. 5 cm breiten Band rollen. Band durch den Knoten führen.

3
Die drei
etwa gleich
langen
Enden zum
Zopf flech-
ten und ver-
knoten.

4
Den Zopf zur
Hüfte neh-
men und
dort mit ei-
ner Brosche
befestigen.

Pussycat

- für alle feinen Materialien
- ideale Tuchgröße:
28 x 28 cm
- Accessoire: Brosche
- Blickfang am Revers

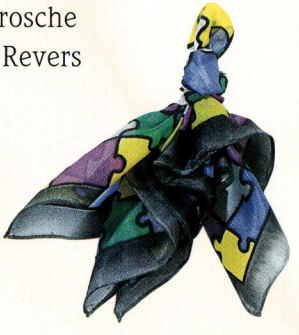

1
Tuch in der Mitte fassen und einen kleinen Knoten binden. Mit einer Brosche unterhalb des Knotens am Revers feststecken.

Krone

- Tuchgröße und Materialien wie oben

1
Tuch zum Dreieck falten. Die äußeren Tuchspitzen von links nach rechts und von rechts nach links einschlagen.

2
Die so entstandene Spitze nach oben falten. Krone in die Brusttasche

stecken oder mit einer Brosche am Revers befestigen.

Bezugsadressen

Der Verlag bedankt sich ganz herzlich bei allen, die für die Fotografie Tücher zur Verfügung gestellt haben.

Monica Baasner
Seidentücher und -schals
Mitterfeldstr. 13
82216 Germerswang
S. 32/33

Shahida B. Banach
Seiden-Unikate
Jettenhartstr. 44
72622 Nürtingen
S. 7, 19, 28/29, 30/31, 36,
37, 40, 44/45 (gemustertes
großes Tuch)

Ingrid Rees
Aquarell-, Öl- u. Seidenmalerei
Freiligrathstr. 9
73033 Göppingen
S. 12/13, 14/15, 18, 22/23,
34/35, 42, 43

Seidenfädchen
Seidenprodukte, Accessoires,
Werbemittel
Hollenbergstr. 9-11
47137 Duisburg
S. 20, 24/25, 26/27, 43
(blau meliertes Tuch)

Studio für Farb-Typberatung
Seidentücher
Edeltraud Weber-Lorkowski
Gartenstr. 45
73033 Göppingen
S. 8/9, 10, 16/17, 38, 39,
41, 44/45 (unifarbenes
Tuch), 46 (2x)

Zum gleichen Themenbereich sind im FALKEN Verlag u.a. erschienen:
„Krawatten und Fliegen perfekt binden" (1519)
„Farbberatung Seidenmalerei. Tücher, Schals, Krawatten" (4841)
„Krawatten, Fliegen, Tücher, Schals" (60493)
Sie finden uns im Internet: http://www.falken.de
Dieses Buch wurde auf chlorfrei gebleichtem und säurefreiem Papier gedruckt.

Der Text dieses Buches entspricht den Regeln der neuen deutschen Rechtschreibung.

ISBN 3 8068 2175 5

Umschlaggestaltung: Elisabeth Berthauer
Titelbild: Axel Weber, Wiesbaden
Foto Umschlagrückseite: Susa Kleeberg und Friedemann Rink, Naurod
Fotos: Susa Kleeberg und Friedemann Rink, Naurod
Redaktion: Regine Gamm
Herstellung: Petra Zimmer

Satz: FALKEN Verlag, Niedernhausen/Ts.
Druck: Sebald Sachsendruck, Plauen

817 2635 4453 6271